1894 Décembre
10

CATALOGUE

D'OBJETS RELATIFS

à la

RÉVOLUTION FRANÇAISE

COMPRENANT

Gravures anciennes

EN NOIR ET EN COULEUR

DESSINS ET GOUACHES

Sabres, Épées

DEUX DESSUS DE PORTE EN SAVONNERIE

DONT LA VENTE AURA LIEU

Hôtel DROUOT, Salle n° 7

Les lundi 10 et mardi 11 décembre 1894,
à deux heures précises.

Me Maurice DELESTRE
Commissaire-priseur
27, rue Drouot

MM. GANDOUIN
Experts
31, rue des Saints-Pères

CHEZ LESQUELS SE DISTRIBUE LE CATALOGUE

Exposition publique le dimanche 9 décembre 1894,
de 1 heure et demie à 5 heures.

CONDITIONS DE LA VENTE

Elle aura lieu au comptant.

Les acquéreurs payeront 5 pour 100 en sus du prix d'adjudication, applicables aux frais.

L'ordre numérique du Catalogue sera suivi.

DÉSIGNATION

ANONYMES

1. — Le Tiors-État confesseur; pièce en manière noire.
2. — « Hélas! nous ne nous ressemblons pas. » — Paris, Depeuille.
3. — Le Banquet anglais ou le Cabinet de Saint-James, traiteur. — Paris, Bonneville.
4. — Amérique. — « Un bon averti en vaut deux. »
5. — « Ha! je seront bien content quand nous aurons tous ces papiers-là! » pièce coloriée.
6. — Affaire de Hollande et de l'Empereur Joseph II.
7. — La Contre-Révolution; dédié au cul-de-sac des Noirs; pièce coloriée. — Paris, Villeneuve.
8. — Membre du Comité du Salut public; lith. coloriée.
9. — Le Grand Ordre du jour ou la Résurrection des cloches.

10. — « Vive Louis XVIII ; » épreuve coloriée.

11. — « Honni soit qui mal y voit. »

12. — Pièce antirévolutionnaire ; eau-forte.

13. — La Mère Radis au Vis-à-Vis de Bobèche. — Paris, Boildieu.

14. — « Chassez le naturel, il revient au galop ; » pièce coloriée.

15. — « Par moi, vous êtes tous frères ; » pièce bistre.

16. — Pièce allégorique sur Philippe-Égalité ; pièce bistre.

17. — « Patience, Margot, j'auront bientôt trois fois 8 ; » pièce bistre.

18. — Le Bastringue. — Paris, Basset.

19. — La Prédication ; — coloriée ; gr. Arnault.

20. — L'Abbé d'aujourd'hui, l'Abbé d'autrefois ; pièce coloriée.

21. — L'Éteignoir ; lithographie.

22. — Adoration des Patriotes à l'aspect d'un gros sou ; pièce bistre.

23. — Le Belge au désespoir.

24. — Une basse-cour : Charles X et sa famille.

25. — « Entre deux chaises, le cul par terre. »

26. — Rue Quincampoix. — La Fortune en actions. — Système Law.

27. — Retour de conscience.

28. — Le Concert. — Trois Ordres ; pièce coloriée.

29. — Le Peuple français terrassant l'Hydre du fédéralisme.

30. — Bascule patriotique; pièce bistre.

31. — La Balance; épreuve bistre; — Paris, Ch. Webert.

32. — Le Départ de la Sainte Famille; épreuve coloriée.

33. — Le Serment des Poignards; dessin pour éventail.

34. — Le Calculateur Patriote, deux sujets même feuille coloriée.

35. — Convoi des Abus; pièce ronde.

36. — Lequel faut-il donner.

37. — Le Réveil du Tiers État; colorié.

38. — Les Coups de Rabot.

39. — L'expirante Targinette; épreuve bistre.

40. — Le Père Nicieux Jacobin; deux épreuves coloriées différentes.

41. — Les Aristocrates aux Capucins; pièce coloriée.

42. — Homme du peuple soutenant une Sphère entourée d'un Noble et d'un Prêtre; manière noire.

43. — « Ci-devant Duc d'Aiguillon passe salope. »

44. — La Police dévoilée, par P. Manuel; frontispice, et le Général d'Alton, dansant la bourrée.

45. — Le Ventilateur; pièce coloriée.

46. — Balance égalitaire; pièce en couleur.

47. — La Romaine aristocratique; pièce coloriée.

48. — « Il faut faire trois choses : » pièce coloriée.

49. — Au Coq André; deux épreuves, une au bistre.

50. — « C'est ainsi qu'on se venge des traîtres. »

51. — « Je viens des Jacobins, tout va bien, » pièce coloriée.

52. — Maître De Dance Barbançon; coloriée.

53. — La Danse des Sans-Culottes.

54. — Le Tronc renversé; dessin.

55. — Le Calculateur patriote; deux épreuves, manière noire.

56. — Les Efforts patriotiques.

57. — « Il y a trop de jour là. »

58. — Les trois Ordres réunis; colorié.

59. — Necker (Apothéose de).

60. — Au Diable les Aristocrates.

61. — « Hélas ! je ne peux vous donner, puisque l'on m'a tout ôté; » colorié.

62. — Pour avoir passé les bornes, il s'est cassé le nez; colorié.

63. — Ça ne durera pas toujours; colorié.

64. — Trait de dissimulation, usage de l'Autriche; bistre.

65. — Déménagement du Clergé; colorié.

66. — Institution de la Loterie royale en 1776.

67. — Membre du Tribunal civil; pièce coloriée.

68. — Monogramme. — Bon Français, devine.

69. — Le Serment du Jeu de Paume.

70. — Drapeaux des Sections de Paris. — 2 feuilles.

71. — 3 Août 1892. — 100 francs de rente aux soldats du Despotisme qui s'enrôleront sous les drapeaux de la Liberté.

72. — Dansons la Carmagnole; pièce en rouge sur la Révolution hollandaise.

73. — Le Français d'aujourd'hui; épreuve en couleur et quatre dessus de boîte.

74. — A Louis XVI, restaurateur de la liberté française. — S. M.

75. — Assemblée législative 1849-52. — Paris, Burty.

76. — Biens du Clergé; pièce allégorique sur la vente des biens; épreuve état d'eau-forte. — Très rare.

77. — Le temps passé. — Les plus utiles étaient foulés aux pieds; en couleur.

78. — Allusion aux informations des journées des 5 et 6 octobre; en couleur.

79. — Le 28 Février 1791 (sac des Tuileries).

80. — Modèles de décorations à emblèmes de la première République; dessin.

81. — Challier dans sa prison.

82 — Deux modèles d'écrans-programmes pour l'Exposition de 1889, avec sujets et portraits de la première République.

83. — Trait de grandeur d'âme et de courage de S. M. Louis XVIII en 1796; colorié. — Paris, Tessier.

84. — Exécution de Louis XVI : « Je meurs innocent. »

85. — La Lettre de Cachet. — Vue de la Bastille.

86. — Époque de 1792. — Deux cartes de citoyens, l'une coloriée.

87. — Où est donc cet abbé, que je l'achève? pièce en bistre.

88. — Philippiques; pièce bistre.

89. — Mort héroïque du général Moulins; pièce militaire noire. — Paris, Sombret.

90. — Audience des Ambassadeurs indiens près du roi (1788); placard du temps.

91. — Mausolée avec portraits à la mémoire de Philippe d'Orléans; lithographie.

92. — Mausolée avec profil de Louis XVI; épreuve avant toute lettre.

93. — Liberté, Égalité. — A la République; deux pièces pour encadrer des épreuves en couleur. — Paris, Constance.

94. — La *Marseillaise* illustrée. — Paris, Primant-Rousset.

95. — Brevet de chevalier de l'Éteignoir.

96. — Brevet de Vétéran daté de l'an III de la République.

97. — Aux Élèves des écoles Polytechnique, de Médecine et de Droit; pièce coloriée avec complainte. — Paris, F. Didot, 1831.

98. — Humanité du citoyen Renaud (1802).

99. — L'Aristocratie mourante. — Quel est donc le seigneur Veto? deux pièces coloriées.

100. — Déclaration des Droits de l'homme et du citoyen. — Paris, Esnauts et Rapilly.

101. — Philippe-Égalité; deux pièces allégoriques aux événements du 28 février 1791.

102. — Projet de monument à la mémoire de Louis XVI; dessin aquarellé.

103. — Dessin allégorique de la République française; œuvre importante à la plume.

104. — Necker (Pièce sur); épreuve en couleur très rare.

105. — Description d'une médaille allégorique dédiée au Consulat.

106. — COUCHÉ. — Louis XVIII prêtant serment à la Chambre; avant lettre.

107. — Brevet de nomination de chevalier de la Légion d'honneur; époque Louis XVIII, sur vélin.

108. — Rentrée joyeuse des Don Quichotte prussiens après la conquête de la France sous l'aigle autrichien.

109. — Les adieux de Louis XVI; la séparation de Louis XVI; deux belles pièces en couleur; avant toute lettre.

BALLONS (PIÈCES SUR LES)

110. — Figure exacte et proportions du globe aérostatique. — Pilâtre de Rozier et d'Arlandes.

111. — Nouveau globe aérostatique inventé par Charles et Robert. — Paris, Basset.

112. — J. H. — Le monument d'hilarité universelle ; grav. Bertaux. — Paris, Lenoir.

113. — TERZUOLO. — La direction des ballons. — 1855, Paris, F. Didot.

114. — Ballon captif des Tuileries ; placard. — Paris, Cusset.

115. — Les ascensions remarquables ; Perrot. — Paris, Chardon.

116. — LEGRAND. — L'enlèvement au sommet d'une tour ; expériences à Versailles devant le roi ; le globe de la Redoute.

117. — Ascension de la *Nymphe aérienne* à Lille, 1787.

118. — Les Aéronautes ; romance de Grevel de Charlemagne.

119. — Arrivée de Charles à Nesles.

120. — Ballon de Fête religieuse en Espagne ; lithographie.

121. — Montgolfière de Pilâtre de Rozier ; épreuve avant la lettre.

122. — GRAVIS. — Ballon fantaisiste ; aquarelle.

123. — BOILY. — Montgolfière la *Gustave*, à Lyon, 1784.

124. — Descente de Charles et Robert à Nesles ; coloriée.

125. — Mongolfière *Marie-Antoinette* ; Versailles.

126. — PERIN. — Tombeau de Robertson ; dessin à la plume.

127. — Pièce allégorique sur Mongolfier et Lapérouse. Carte d'invitation.

128. — DENIS. — Deuxième expérience du vaisseau volant de M. Blanchard ; épreuve en rouge.

PIÈCES HISTORIQUES DIVERSES

129. — Affiche. — Vive le roy et les Bourbons. — Nantes, Poiné ; coloriée.

130. — Affiche du district d'Étampes concernant les biens des émigrés, 1793.

131. — ALLAIS. — La Convention soutenue par le peuple, 9 thermidor.

132. — Assemblée 1849-1852 ; pièce coloriée.

133. — Assignats. — Feuille dite trompe-l'œil ; coloriée.

134. — Assignats. — 10 pièces. — 500, 200, 100, 50 et autres.

135. — Assignats, etc. — 16 pièces.

136. — AUBERT. — Déclaration des Droits de l'homme et Constitution française. — 2 pièces.

137. — BAUBLÉ. — Machine infernale anglaise contre Saint-Malo ; pièce coloriée.

138. — BERAINVILLE. — Le triomphe du patriotisme.

139. — BERAINVILLE. — Sacre de Louis XVI ; grav. Ingouf.

140. — BERGNY. — Le triomphe de la liberté. — Paris, chez Bergny ; épreuve bistre.

141. — BERICOURT. — Simon dans son atelier ? Dessin à la mine.

141 *bis*. — BERICOURT. — La récréation au camp ; pièce coloriée.

142. — BERTAUX (D.). — Costumes d'incroyables ; pièce coloriée.

143. — BERTAUX (D.). — Revue dans la cour des Tuileries.

144. — BLANCHARD. — Décoration du Lys, brevet sur vélin, 1816.

145. — BOSIO. — Il l'ont pris, il faut le rendre ; grav. Marchand.

146. — BRUNET. — Revue de la garde nationale passée à Lyon par le duc d'Orléans, 1830 ; lithographie.

147. — BERTHET. — Louis XVI, Marie-Antoinette, le Dauphin.

148. — BOURGEOT. — Fête militaire des élèves de Mars, l'an III de la République française.

149. — BUQUET. — La caricature. — Monument érigé en mémoire de la victoire qui sera remportée sur les Hollandais ; lithographie par Bucquet ; coloriée.

150. — Carte de sociétaire d'assistance gratuite, époque de 1793, pour Paris.

151. — Cartes de visites de la première république, an XIII. — 14 pièces, dessins.

152. — CHARPENTIER. — L'Histoire, — la Liberté, — l'Amour combat pour la patrie, — l'Amour offrande à la patrie, — l'Amour recevant une couronne de la Patrie. — 5 pièces coloriées, grav. par Pithon.

153. — CHINARD. — Génie de la ville de Paris ; plume, daté 1785.

154. — CLOQUET. — Vue générale de la Fédération française ; coloriée.

155. — Cocarde royale de la liberté, 1789 ; placard signé FERAT.

156. — Cocarde. — Société populaire de Dourdan (Seine-et-Oise).

157. — Complainte de Fieschi ; épreuve sur chine, lithographie. — Paris, Polydore.

158. — COUCHÉ. — Episode de Nancy ; épreuve sur chine.

159. — COUCHÉ. — Ouverture des États généraux ; épreuve avant toute lettre.

160. — CREMIER. — M*** R. L'âne comme il n'y en a point.

161. — DARDEL. — Ha! c'est bien là sa place; belle épreuve en couleur.

162. — DAVID. — Serment du Jeu de paume ; lithogr.

163. — DAVY DE CHAVIGNÉ. — Colonne de la Liberté ; gravure par Taraval.

164. — Déclaration des Droits de l'homme ; Constitution de la République française ; Acte constitutionnel de 1793 ; pièce manière noire. — Paris, Binet.

165. — DESRAIS. — Lanterne magique. — « Mais tous ces personnages sont vivants. — Vous vous trompez, etc. » — Desrais, Benoist.

166. — Dessus de boîte. — Costumes des trois ordres. — Convoi des abus. — Procession des États généraux.

167. — Dessus de boîte. — Les quatre mots bien employés, 1792.

168. — Dessus de boîte. — Charlotte Corday dans sa prison et Assassinat de Marat. — 2 pièces.

169. — Dessus de boîte. — Prise de la Bastille et du gouverneur, 1789.

170. — DEVERE. — Pillage de l'hôtel de ville de Strasbourg, 1789.

171. — Discours du Roi en 1789 ; belle épreuve sur soie. Bevallet dir. — Firmin Didot.

172. — Drapeau du 4e bataillon de la première garde nationale parisienne.

173. — DRAVINLIER-RICHARD. — Grenadier lisant la messe dans un jeu de cartes.

174. — DUFLOS. — Centurion, école de Mars et officier des élèves de la Patrie. — 2 pièces coloriées.

175. — DUPLESSIS. — Le Maximum. — Paris, chez l'auteur.

176. — DUPLESSIS. — La Révolution française. — A la Nation française les protestants reconnaissants; deux pièces manière noire.

177. — DUPLESSIS. — La Révolution française.

178. — En-têtes de lettres des corps d'armée, hôpitaux, ministères, etc., etc. — 121 pièces qui seront vendues par lots.

179. — Époque de 1848. — La ronde des peuples ; dessin au lavis.

180. — ÉVENTAIL. — Feuille aux assignats ; à la base, modèle des monnaies.

181. — Fête nationale de la Fédération ; très belle et curieuse gouache du temps.

182. — FORTIER. — Le café politique ; pièce coloriée.

183. — FRAGONARD fils. — La Vérité ; avant le titre.

184. — FRICHOT. — Vue perspective de l'atelier monétaire à construire île Louviers ; aquarelle.

185. — Frontispice pour l'histoire de la République brabançonne ; avant la lettre.

186. — Frontispice pour l'Atlas de la République française, 1802 ; gravure par Bouillard.

187. — GARSON. — Cérémonies qui ont eu lieu au Panthéon en 1831 ; Garson grav. — Aux illustres victimes de 1830 ; placards couleur. — Paris, Julienne.

188. — GAULLE. — Frontispice pour l'armée de Sambre-et-Meuse. — Jourdan, pièce à ballon ; gravure par Queverdo.

189. — GENGEMBRE. — La Liberté éclairant le monde ; dessin aux crayons de couleur.

190. — GIBELIN. — L'Unisson. — Paris, Depeuille.

191. — GILBERT. — Gravé par Janinet. — Projet d'un Palais de législature ; très belle épreuve d'essai en couleur, retouchée par l'artiste ; la marge et l'inscription au crayon aquarellé.

192. — GILBRAY. — Pièce anglaise, 1795 ; coloriée. — Le soleil de la Constitution est supérieur à l'opposition.

193. — Histoire de la Révolution française ; placards coloriés. — Paris, Schmith.

194. — HOIN. — Apothéose de Mirabeau; manière noire.

195. — JEANTET. — Confédération des Français ; manière noire.

196. — JANINET. — Événements des journées de la Révolution. — 15 pièces manière noire.

197. — JOHANNOT. — Carrier à Nantes ; épreuve sur chine. — Pollet sc.

198. — KUYPER. — La Proclamation de la République française à Amsterdam. — 2 très belles pièces, état d'eau forte.

199. — LABROUSSE. — Michel Cabieu, sergent de milice garde-côte ; manière noire.

200. — LATROUSSE. — Obsèques du général Marceau ; manière noire.

201. — LATROUSSE. — Frontispice des costumes des représentants, en couleur, Conseil des Cinq-Cents.

202. — LE CLERC. — Le Pacte national. — Paris, chez l'auteur.

203. — LE COEUR. — Fête du sacre et du couronnement de Leurs Majestés Impériales, place de Grève ; en couleur.

204. — LE JEUNE. — Louis XVI à l'Assemblée nationale accepte la Constitution. — Paris, David.

205. — LE ROY. — Vue perspective du Champ de Mars le jour du Serment civique, 14 septembre 1790, par Chapuy ; belle épreuve en couleur.

206. — Les Voraces lyonnais; placard avec chanson, 1848, deux épreuves.

207. — Lettres autographes et autres. — Lot de 10 pièces, — lot de 12 pièces.

208. — Maçonnerie. — Eau-forte. — Allégorique, présentée par le chevalier de Bauchaine.

209. — Maçonnerie. — DESRAIS. — Citoyens de l'Univers, la bienfaisance les unit tous d'un pôle à l'autre; — pièce en noir et rouge.

210. — Maçonnerie. — Congé et Pouvoir, avec emblèmes; De Lion gr.

211. — Maçonnerie. — Invitation pour un bal. — Invitation pour une séance en 1781. — Lettre de l'Orient de Paris.

212. — Maçonnerie. — Loge d'Union et Confiance. — Reçu d'un Sociétaire 5824.

213. — MARTINET. — Bataille de Fleurus, 1794.

214. — MASCRET. — « Capet lève-toi »; gravé, Boisselat; épreuve Chine.

215. — MONNET. — Louis à la barre; Helmann.

216. — MONNET. — Frontispice pour un Almanach de la première République; épreuve avant la lettre.

217. — MONNET. — Les Vœux du peuple confirmés par la Religion; gravé par Masquelier.

218. — MONNET. — La Fête de l'Abondance; gr., Helmann; épreuve état d'eau-forte.

219. — MONNET. — La France acceptant la Constitution; beau dessin au bistre.

220. — MOREAU jeune. — Fédération ; petite pièce avant la lettre.

221. — MALLET. — Le Culte naturel ; belle épreuve.

222. — MEUNIER. — Le 14 Juillet 1890, Fédération des Français ; gravé par Giraud.

223. — MEUNIER. — Vue du Champ de Mars à l'instant ou le Roi, les Députés à l'Assemblée Nationale et les Fédérés réunis y prononcent le Serment civique en 1790 ; Paris, Janinet.

224. — MEUNIER. — Le Parlement sortant du Palais de Justice ; grav. Niquet ; épreuve avant la lettre.

225. — MOITTE. — Le Serment Civique, en coul. ; Paris, Taunay.

226. — MOREAU le jeune. — Fête de la Jeunesse ; Giraud ; épreuve, état d'eau-forte.

227. — MOREAU le jeune. — Prise de la Bastille. — Entrée du Roi à Paris ; une épreuve, état d'eau-forte.

228. — MOSSA. — Les Regrets de la France, 1793 ; belle gr. au bistre.

229. — NIODOT. — Congé des Volontaires de la garde nationale parisienne ; épreuve sur vélin.

230. — Nom de Messieurs les Députés de la Ville de Paris à l'Assemblée nationale ; ils sont représentés sur un char ; pièce coloriée, très rare. Paris, Guyot.

231. — OZANNE. — Allégorie commerciale sur la République française ; grande pièce. — Godefroy.

232. — PALLOY. — Projet de monument pour les Volontaires de la Meurthe.

233. — PATAS. — Ouverture des États généraux. — Dédié à la Nation ; belle épreuve bistre. — Paris, Patas.

234. — PRIEUR. — Serment du Jeu de Paume. — Arrestation de M. de Launay. — 2 pièces.

235. — PRIEUR. — Massacre des patriotes de Montauban. — 1790.

236. — Prise de la Bastille en 1789. — Pellerin, Épinal.

237. — PRUD'HON. — La Loi. — Paris, chez Capra; belle épreuve.

238. — QUEVERDO. — Demi-Calendrier, avec Portraits de Lepelletier et Marat. — Printemps et Été.

239. — Révolution de 1848. — Chef de hampe de drapeau ; bronze.

240. — REGNIER. — La Liberté ; lithographie, 1848.

241. — RAFFET. — 21 Janvier 1793. — Triomphe de Marat ; 2 pièces sur Chine.

242. — RAFFET. — Bataille de Fleurus; sur chine.

243. — SAINT-ÉLOY. — Tableau de la Chambre en 1830. — Paris, chez l'auteur ; colorié.
Autre, du même, en 1831.

244. — SIRMES. — La Liberté Brabançonne ; épreuve sur Chine.

245. — SERGENT. — Duc du Châtelet voulant passer le bac ; belle épreuve en couleur.

246. — SERGENT. — Les Gardes Françaises repoussant un détachement du royal-allemand ; belle épreuve en couleur.

247. — Tapisserie de la Savonnerie. — Deux dessus de porte, rinceaux et coqs gaulois (époque de la première République).

248. — TAUNAY. — Regrets des Bourbons sur le tombeau de Louis XVI. — Paris, Véron.

249. — THEVENIN. — Prise de la Bastille en 1789.

250. — Testament de Louis XVI, avec grav. du bas-relief. — Imprimerie Vve Perronneau.

251. — Translation des restes des victimes de 1830. — Dédié à la garde nationale, 1840 ; 2 épreuves.

252. — TREVISIANI. — L'Espoir de la France. — Paris, Charles Mondhare ; belle épreuve.

253. — VAN GORP. — Les Douceurs de la fraternité. — Paris, Bance.

254. — Lots, 8 pièces : Scènes de la Révolution, Moreau et autres.

255. — 9 autres. — 9 autres. — 10 autres, etc., etc. — 5 pièces, Ballons et autres.

PORTRAITS

256. — Anonyme. — Madame au tombeau de Louis XVI ; bistre.

257. — D'Aligre (Et.-Franç.) — Port. en pied, grav. bistre. — Paris, Basset.

258. — Panthère autrichienne ; épreuve moderne.

259. — André, épicier-droguiste du Château ; belle pièce en couleur. — Paris, Villeneuve.

260. — Bailly. — Portrait, grav. Liebe.

261. — Barra (J.), chez Bance.

261 bis. — Barrin (Aug.-Fél.-Eliz.), député de l'Anjou.

262. — Cadoudal, Georges (Conspiration de) — Seize portraits, personnages y ayant participé. — Dumontier; grav. par Hubert.

263. — Charles, aéronaute, professeur de physique.

264. — Élie Charles. — Marquis de Ferrière-Marsay; grav. par Berthet.

265. — Chaslier, grav. au bistre, ronde.

266. — Cloots (Anacharsis). — Dess. et grav. par Quenedey.

267. — Couthon (Georges).

268. — D'Éon de Beaumont (M. et Mme). — Paris, Esnauts et Rapilly.

269. — Desaix, en pied. — Hilaire le Dru; gravé par Lefèvre.

270. — D'Espremesnil (J.-D.) — Bernard; grav. par Le Grand.

271. — Desaix. — Portrait.

272. — Desmoulins (Camille), peint et gravé par Duplessis-Bertaux.

273. — Fourcroy (A.-F.), gravé par P.-M. Alix.

274. — François, professeur, épreuve en couleur, par Bolomey, portant l'inscription : « Pour éclairer le peuple il monte à la tribune. A défendre ses droits il consacre sa plume. »

275. — Jourdan. — Bouclier national aux armes françaises, composé par Villeneuve.

276. — Kléber. — A Paris, chez Bance.

277. — Lafarre (A.-L.-H. de), évêque de Nancy.

278. — La Fayette, p. Guérin, grav. par Fiesinger.

279. — Lafayette, en pied. — Court et Girardet. Diagraphe Gavard, deux épreuves.

280. — Laurent (J.-J.), négociant; belle épreuve en couleur, avant la lettre.

281. — Lefèvre (Maréchal). — Mengelberg; grav. Fiesinger.

281 *bis*. — Lepelletier de Saint-Fargeau et autres. — 2 ép. avant la lettre.

282. — Louis XVI. — Le premier citoyen. — Bertaux Lecœur.

283. — Louis XVI. — Paris, Ponce.

284. — Louis XVI; épr. avant la lettre, grav. Lerouge.

285. — Louis XVI. — Nicolet; grav. Lebau.

286. — Louis XVI. — Hue; grav. Schiavonetti.

297. — Louis XVII.

298. — Louis XVI et Marie-Antoinette; Lebeau sculp. — Paris, Esnauts, Rapilly.

299. — Louis XVI, Marie-Antoinette et le Dauphin.

300. — Louis XVI et ses ascendants; 5 port. même feuille. — Paris, Jean.

301. — Louis XVII. — Paris, Maradant; 2 épreuves.

302. — Louis XVII. — Dessin à la mine de plomb.

303. — Louis XVII. — Kocharski, grav. Kounlain.

304. — Louis XVII. — Croisier, grav. Roger.

305. — Louis-Philippe d'Orléans. — Duflos.

306. — Madame, fille de Louis XVI. — Bertrand sculp.

307. — Marat. — Paris, Busset.

308. — Marat. — Gravé par Stonchard. — Paris, Rochet.

309. — Anonyme. — Mirabeau.

310. — Mirabeau. — Chez Haid.

311. — Mirabeau. — Grav. par Alix ; belle épreuve en couleur.

312. — Mirabeau. — Guérin, Fiessinger; 2 épr., une bistre.

313. — Mirabeau, avec tablette, — Courage, amis, nous sommes pour vous. — Bistre.

314. — Momoro, premier imprimeur de la liberté nationale.

315. — Montgolfier, aéronaute. — Binet, Le Bau.

316. — Necker.

317. — Necker. — J. V. et Bokham. — S.

318. — Necker. — Roger de Cazenave. — Allais sc.

319. — Necker, ministre d'État.

320. — Necker. — Le compte rendu.

321. — Necker. — Chez Fatou.

322. — Le même en couleur ; épreuve avant toute lettre.

323. — Necker. — L'OEil du génie ; épreuve bistre.

324. — Otto (L. G.), p. Boze. — Cardon sc.

325. — Pâris. — Le Diacre ; Balechou.

326. — Robespierre, Canu ; 9 épreuves coloriées.

327. — Robespierre, grav. Vérité.

328. — Théroigne de Méricourt, p. Denon.

328 *bis*. — Collier de la Reine, Vaucher Loque, joailliers; dessin, aquarelle du temps.

338 *ter*. — Viala (A.); épreuve d'eau-forte.

329. — Viala, agr. — Paris, Bance.

330. — Amérique. — Washington, portrait imprimé sur velours; époque de 1820.

331. — Amérique. — Washington, portrait en soie tissée rehaussé d'or; fabrique de Lyon.

331 *bis*. — Amérique. — Washington, d'après le portrait rapporté par Lafayette.

VUES DE PARIS ET PLANS

332. — La Bourse de Paris, Hôtel de Soissons en 1720; pièce coloriée. — Paris, Joullain.

333. — Vues de la Monnaie et de la Chambre des Députés; coloriées. — Paris, Tessier.

334. — Année 1870. — Pétition adressée aux Membres de la Défense nationale (9 novembre 1870); nombreuses signatures.

335. — ARNOUT. — Promenades pittoresques de Paris; neuf vues coloriées. — Lithographie Clément.

336. — Bals et Concerts de Paris; sept pièces de diverses époques.

337. — Barrière du Trône; lithographie coloriée. — Imprimerie Lemercier.

338. — BLOND. — Collège des quatre Nations; gr. Hérisset.

393. — Camp des Anglais, Irlandais, Écossais aux Champs-Élysées en 1815.

340. — Bivouac des troupes russes aux Champs-Élysées le 31 mars 1814; deux pièces coloriées. — Paris, veuve Chéreau.

341. — Cartes des États-Unis d'Amérique, avec portraits et scènes de l'histoire.

342. — Chambre des Députés; plans coloriés. — Deux pièces publiées chez Domerc et Robert.

343. — CICÉRI père. — Vue du château de Neuilly; sépia.

344. — Corporation des marchands tissutiers-rubaniers-frangers, ouvriers en drap d'or, etc., etc. — Fête le 25 août 1751; impression sur soie. — Pièce très rare.

345. — COURVOISIER. — Vue du temple à Trianon, — Théâtre-Italien, — Banque, — Rue de Rivoli, — Théâtre-Français, — Marché des Innocents, — Hôtel des Monnaies, — Palais-Royal, — Place des Victoires, — Palais de Justice, — Deuxième entrée de Trianon; douze pièces.

346. — Dessus de boîte. — Huit vues de Paris même feuille; pièce avant la lettre.

347. — DUMÉNIL. — Feu d'artifice devant l'Hôtel de Ville de Paris en 1758 et 1759; gr. par Le Bas; deux pièces.

348. — Exécution de Fieschi et ses complices; lithographie Criwicit.

349. — Feu d'artifice tiré aux Tuileries en 1717, — Fête du Roi — et feu tiré à l'occasion de la naissance du prince des Asturies en 1707; deux pièces.

350. — Feu d'artifice de 1807, tiré au Luxembourg à la gloire de la garde impériale; colorié.

351. — GARBIZZA. — Vue de Paris, n° 2. — Cour des Tuileries; grav. Monsaldy.

352. — GUYOT-JANINET, TESTARD, CAMPION et AUTRES. — 26 vues en couleur.

353. — HOFFBAUER. — 3 vues de Paris coloriées : la Cité; place de la Bastille; cimetière des Innocents.

354. — HUBERT-CLERGET. — Rue des Trois-Clefs; dessin rehaussé.

355. — Illuminations de la rue de la Ferronnerie en 1745, pour la convalescence du Roi; pièce coloriée. — Paris, Daumont.

356. — Inauguration de la statue de Molière en 1844. Lithographiée par Lépine.

357. — Défense de Paris en 1815. — Imagerie d'Épinal.

358. — JEAURAT (attribué à). — Fête de nuit avec illuminations, donnée à Paris à l'occasion de la prise de Port-Mahon en 1756. — Sur toile.

359. — YUNG. — Érection de l'Obélisque en 1836. — Lithographie de Kæppelin.

360. — Massacre de Coligny en 1572. — Paris, Jean.

361. — MOPILLIER. — Vue de l'École militaire; manière noire, gravée par Chapuy.

361 *bis*. — MORLET. — Tab. de Paris. — 2 lith. coloriées.

— GARBIZZA. — Vue de l'église Sainte-Geneviève.

362. — PAPILLON. — L'Égout de Montmartre et *le Mercure;* pièce très rare, avec une poésie autographe de ce graveur sur bois, et note expliquant comment il fit cette gravure pour le comte de Caylus.

363. — PAPILLON. — Titres pour almanachs, exécutés pour de Hansy, libraire de Paris. — Étrennes spirituelles dédiées au Dauphin. — Heures pour les Carmélites de Paris. — Les Meilleures Étrennes, chez Prault père, tirages de l'artiste. — Épr. d'essai.

364. — PAPILLON. — Trois en-têtes pour almanachs; tirés à part et sans texte.

365. — PAPILLON. — En-tête pour les postes royales; tirage hors texte.

366. — Du MÊME. — Vue de l'île Saint-Louis; grav. en 1715; note de l'artiste.

367. — PARIS-DIACRE. — Son portrait et Firmin-Louis Tournus; 2 pièces.

368. — PARIS. — Plans et vues de diverses époques; 19 pièces.

368 *bis*. — Paris. — Corporation des huchiers-bahutiers-ébénistes, etc., etc., en 1732. — En-tête pour les listes de cette corporation. — Tirage à part.

369. — Plan de Paris, époque de 1530.

370. — Plan de Paris en 1766. — Chez Desnos, colorié; plan de Londres, 1766. — Desnos, colorié.

371. — Plans et vues de Paris. — Recueil factice; 26 pièces diverses époques.

372. — Plan du Champ de Mars, tel qu'il était disposé pour la fête de la Fédération en 1790; 2 épreuves. — Paris, L'Esclapart.

373. — Plan de Paris, imprimé sur batiste, avec vues des principaux monuments, 1830.

374. — PRIEUR. — Le peuple délivrant les gardes françaises à l'Abbaye.

375. — Programme fête de saint Napoléon ; 1852.

376. — Projets pour Paris; sept pièces, dessins, aquarelles, époque de la Restauration.

377. — REGNIER. — La Barrière Clignancourt ; sépia.

378. — REGNIER. — La Barrière Blanche ou de Clichy ; sépia.

379. — REGNIER. — Porte du parc Montceau ; sépia.

380. — DE SÈVE. — Vue de la place Louis XV et de la statue érigée en 1763.

381. — Tableaux des événements de la Révolution française ; six feuilles comprenant 96 événements, gravés par Maillard.

382. — VERNET (C.). — Bivouac anglais. — Bois de Boulogne, près la porte Maillot; man. noire.

383. — VERNET (H.). — Barrière de Clichy ou Défense de Paris en 1814; grav. couché, petit format.

384. — VILLERET et BAPTISTE. — Exposition de 1824; salle 25. — Paris, Engelmann.

385. — Vue de Paris; époque Louis XIII.

SABRES

ÉPOQUE DE LA PREMIÈRE RÉPUBLIQUE

(Quelques-uns du premier Empire)

386. — Sabre des Écoles de Mars.

387. — Maçonnerie. — Première République. — Épée avec inscriptions : *Vaincre ou Mourir. — Pour la Loi et la Nation.*

388. — Sabre anglais, poignée en ivoire, garde bronze ciselé.

389. — Sabre poignée à tête de lion, lame avec inscription : *Vive la Nation!*

390. — Sabre américain, poignée en ivoire, garde bronze doré à tête d'aigle.

391. — Sabre avec garde mobile, tête de lion, bronze doré.

392. — Sabre garde bronze, avec figure prêtant le serment fédératif.

393. — Sabre garde à lion populaire et bonnet phrygien.

394. — Sabre d'officier, poignée ébène, garde en bronze.

395. — Sabre garde en bronze doré, à casque.

396. — Sabre garde bronze doré avec lion et coq.

397. — Sabre de sapeur à tête de coq. — Quillons à têtes de lion.

398. — Sabre d'officier du génie, garde ornée d'emblèmes et de figure de chien, représentant la fidélité.

399. — Sabre de chasseurs, garde bronze à cor de chasse et bonnet phrygien.

400. — Sabre garde bronze doré à grenade enflammée.

401. — Sabre de dragon, poignée bronze, modèle dit de Marceau.

402. — Sabre de garde consulaire, poignée bronze à bonnet phrygien orné d'une cocarde.

403. — Sabre garde en bronze doré, lion populaire et bonnet phrygien.

404. — Sabre poignée en bronze, pommeau à tête de lion.

405. — Épée garde bronze, pommeau à bonnet phrygien.

406. — Sabre d'enfant, garde bronze, orné d'une grenade.

407. — Sabre pommeau bronze, à tête de lion.

408. — Sabre anglais de capitaine de vaisseau ; poignée ivoire, garde bronze doré à tête de lion.

409. — Sabre de caporal sapeur à tête de coq en bronze.

410. — Sabre de garde national, 3e régiment d'infanterie.

411. — Sabre d'officier du Consulat, garde bronze et ébène, fourreau cuivre.

412. — Premier Empire. — Sabre anglais, poignée ivoire, garniture bronze doré.

413. — Premier Empire. — Sabre de cavalerie, garde bronze ciselé.

414. — Premier Empire. — Deux sabres dits briquets.

415 et suivants. — Objets divers non catalogués.

9260. — May & Motteroz, Lib.-Imp. réunies,
7, rue Saint-Benoît, Paris.

www.ingramcontent.com/pod-product-compliance
Ingram Content Group UK Ltd.
Pitfield, Milton Keynes, MK11 3LW, UK
UKHW020521180726
13839UKWH00005B/2219

9 782329 531847